DE

L'AFFOUAGE COMMUNAL

PAR

A. MARTINET

SECRÉTAIRE GÉNÉRAL DE LA PRÉFECTURE D'INDRE-ET-LOIRE

PARIS

BERGER-LEVRAULT ET Cⁱᵉ, LIBRAIRES-ÉDITEURS

RUE DES BEAUX-ARTS, 5

MÊME MAISON A NANCY

—

1884

DE

L'AFFOUAGE COMMUNAL

PAR

A. MARTINET

SECRÉTAIRE GÉNÉRAL DE LA PRÉFECTURE D'INDRE-ET-LOIRE

PARIS

BERGER-LEVRAULT ET Cie, LIBRAIRES-ÉDITEURS

RUE DES BEAUX-ARTS, 5

MÊME MAISON A NANCY

—

1884

(*Extrait de la* Revue générale d'administration.)

.DE

L'AFFOUAGE COMMUNAL

Les bois appartenant aux communes et aux établissements publics couvrent une étendue de 2,058,729 hectares, environ 22.40 p. 100 de la surface totale du territoire boisé de la France. Il rentre dans les attributions des pouvoirs municipaux de prendre une part aussi large que possible dans la régie des biens et revenus qui découlent de ce riche domaine. L'État, toutefois, ne pourrait abdiquer toute surveillance ; il est intéressé directement à la prospérité des diverses agrégations qui le composent; il doit imprimer, par son intervention, une sage direction à la gestion de la propriété communale, et il se réserve dans ce but une administration de contrôle et de garantie pour le compte et au profit des communes, en s'opposant à tout abus de jouissance préjudiciable soit à la chose publique, soit à leur propre intérêt. Ce sont ces principes qui sont la base constante des diverses prescriptions législatives en matière forestière.

Les produits des forêts communales sont quelquefois vendus, mais le plus souvent délivrés sur pied aux communes propriétaires. Ils sont, dans ce dernier cas, partagés en nature entre les habitants. C'est ce qui constitue l'affouage. — Sur 5,016,065 mètres cubes, formant le produit total annuel des forêts, 3,083,736, soit 61 p. 100, sont ainsi délivrés; 1,855,698 mètres cubes, provenant le plus souvent de quarts en réserve, dont la commune n'a pas la libre disposition, sont seulement vendus. Tout ce qui touche aux délivrances affouagères intéresse au plus haut degré les populations forestières.

Le mode de distribution et de partage vient d'être profondément modifié par la loi du 23 novembre 1883 qui revise et abroge, dans ses dispositions essentielles, l'article 105 du Code forestier, en même temps que la loi du 5 avril 1884 sur l'organisation municipale donne une extension nouvelle aux attributions des conseils communaux. — Il nous a paru utile de rechercher quelle est aujourd'hui la réglementation de l'affouage.

I.

AFFOUAGE. — *Jus excidendi ligni in nemore ad focum suum* (Ducange, *Gloss.*). — Portion afférente à chaque habitant dans le partage du produit en bois de chauffage des forêts communales.

L'affouage se distingue de l'usage, avec lequel on le confond souvent, en ce que l'usage est une servitude réelle attachée à la propriété d'autrui, qu'elle grève au profit d'une association ou d'une communauté, d'une personne ou d'un fonds, et qui donne à celui qui l'exerce le droit d'exiger, dans certaines limites déterminées et prévues, pour ses besoins et à raison de son domicile, certains produits, quelle qu'en soit la nature. — Ces besoins satisfaits, il n'est rien dû au delà. — Tandis que l'affouage, qui ne s'entend que des délivrances de bois, est une véritable jouissance qui s'exerce sur la forêt, propriété de la commune, *ut universitas*, par les habitants ayant droit, *ut singuli*, à la jouissance des produits. C'est un droit inhérent à la qualité d'habitant, à charge de certaines conditions d'aptitude spéciales.

II.

Aux débuts de la constitution de la propriété communale, aucune règle ne présidait, à proprement parler, à la distribution des produits forestiers. C'est dans les ordonnances des ixe, x[e] et xie siècles que se trouvent les premières traces d'une jouissance, sous les noms de *utilitas silvatica, usagium, usus, jus silvarum* (Schöpflin, *Alsatia diplomatica* ; Maurer, *Geschichte der Markenverfassung* ; Lacomblet, *Arch. für die Geschichte des Niederrheins*). Tout habitant possédant un feu propre et propriétaire depuis au moins un an et un jour d'un champ labourable, avait droit de participer à la jouissance communale. Ce droit était le même pour tous ; il consistait en délivrances de bois de construction, de harnais, de chauffage. Les artisans recevaient le bois nécessaire à l'exercice de leur industrie jusqu'à concurrence des besoins de la communauté en ce qui concernait les objets de leur fabrication ; il leur était interdit de rien vendre au dehors. Pour faire partie de la communauté et participer aux produits, le consentement de tous les intéressés était quelquefois nécessaire. Le plus souvent, le droit de bourgeoisie portant participation aux produits du sol communal s'acquérait par le versement d'une somme déterminée au préalable. Cette coutume, qui pendant de longues années encore s'était perpétuée dans certaines communes, a été définitivement abolie par la loi forestière du 21 mai 1827. (Voir un arrêt de la Cour de cassation du 9 avril 1838.) On la retrouve encore dans certaines contrées, notamment en Suisse, dans le canton de Berne.

L'accès des forêts était généralement libre à tous les ayants droit qui venaient y prendre directement les bois nécessaires [1] ; ce ne fut que vers le XIIIᵉ siècle, à la suite de nombreux abus qui menaçaient l'existence des massifs boisés, qu'on prit certaines mesures pour régulariser les délivrances.

Ces délivrances avaient lieu, dans chaque région, d'après les bases les plus diverses ; suivant les influences ou les tendances locales, les nécessités ou les besoins de telle ou telle culture, de telle ou telle industrie, combinés avec la nature des produits qu'on pouvait demander à la forêt. Dans une province, le partage du bois de chauffage avait lieu par tête ; dans une autre, par feux ; ou bien encore au marc le franc de l'impôt ; ou moitié par tête, moitié au marc le franc de l'impôt. — S'agissait-il des arbres de futaie, on adoptait parfois le même mode de distribution que pour le taillis ; mais le plus souvent la répartition se faisait entre les propriétaires des édifices, fabriques, usines ou maisons d'après le toisé des bâtiments et proportionnellement au nombre d'étages. L'ordonnance de 1669, en prescrivant que les bois d'affouage seraient partagés entre les habitants suivant la coutume (tit. XXV, art. 2), avait consacré ces anomalies.

III.

La chute de la féodalité devait être le point de départ d'un nouveau système. Un décret du 14 août 1792 ordonnait le partage, entre les ha-

1. *Quia non res possessa est, sed de ligno agitur. (Lex ripuar., tit. 36.)*

bitants de chaque commune, de tous les terrains communaux autres que les bois. Le 10 juin 1793, la Convention admettait que le partage aurait lieu par tête d'habitants, de tout âge et de tout sexe, absent ou présent, et abrogeait tout acte ou tout usage contraire. Il ne s'agissait alors que des terrains communaux ; mais le 26 nivôse an II, cette même assemblée, sur le rapport de son comité de législation, décidait, par analogie, que les bois qui étaient alors coupés seraient partagés par tête ; et donnait ainsi une nouvelle base au mode de répartition de l'affouage. Un arrêté des consuls du 19 frimaire an X ordonnait encore que le partage des bois communaux d'affouage, autres que les futaies, dans le département de la Haute-Saône et dans tous ceux où l'affouage avait lieu, se ferait par tête d'habitant, conformément à la déclaration du 13 juin 1724 (du duc de Lorraine) et à la loi du 26 nivôse an II.

De nombreuses réclamations s'élevèrent contre ces prescriptions nouvelles. Le partage par tête d'habitant, dans les conditions où on l'instituait, paraissait exorbitant, comme il l'était en effet ; et un grand nombre de communes refusèrent de s'y conformer. Cet état de choses persista jusqu'à ce qu'un décret du 9 brumaire an XIII (31 novembre 1804) déclara que les communautés d'habitants qui n'avaient pas adopté les termes des prescriptions de la loi de 1793 et avaient conservé l'ancien mode de jouissance de leurs biens communaux, devaient continuer à la pratiquer ; et qu'il ne pourrait désormais y être apporté aucune modification que par un décret impérial pris sur l'avis des préfets et des sous-préfets. Enfin, deux avis du Conseil d'État des 4 juillet 1807 et 12 avril 1808, relatifs aux biens communaux indivis entre deux communes, disposent que le partage se fera par feu, c'est-à-dire par chef de famille ayant domicile ; et cette interprétation, dans l'origine spéciale au fonds, s'est, dans la pratique, étendue aux produits, et a servi de base pour réglementer la distribution de l'affouage.

Ce sont ces contradictions et cette confusion que le législateur de 1827 s'était proposé de faire disparaître dans la rédaction du Code forestier. Le projet primitif portait que « le partage des bois d'affouage se ferait par feu, et que s'il était délivré des arbres, la valeur en serait payée à la commune », consacrant ainsi les vrais principes d'une répartition équitable entre les habitants. Cette disposition donna lieu à une vive opposition de la part surtout des cours royales et des conseils généraux. « Les arbres, disait-on, ont pour destination naturelle la construction et la réparation des maisons ; chacun, dans le partage, doit être servi d'une manière conforme à ses besoins; les charges de la commune ne se répartissent ni par tête ni par feu, mais d'après la propriété de chacun, et les avantages doivent aussi se répartir d'après la propriété. » — Le souvenir des privilèges de l'ancienne féodalité, la comparaison des lois aristocratiques de l'Angleterre d'après lesquelles l'affouage est dû en vertu des propriétés qu'on possède, alors que notre système démocratique l'attribuait aux individus, et aussi le désir hautement avoué de faire échec de ce qu'on appelait les lois révolutionnaires, accentuèrent plus énergiquement encore ces revendications lors de la discussion à la Chambre des députés (séance du 29 mars 1827) et firent prévaloir une rédaction dans laquelle les règles du droit commun étaient subordonnées à l'observation des anciens titres ou des usages locaux. « S'il n'y a titre ou usage contraire, le partage des bois d'affouage se fera par feu, c'est-à-dire par chef de famille ou de maison ayant domicile réel et fixe dans la commune; s'il n'y a également titre ou usage contraire, la valeur des arbres délivrés pour constructions ou réparations sera estimée à dire d'experts et payée à la commune (C. F. 105). »

C'était perpétuer les anciens abus et ouvrir aussi une ère nouvelle d'incertitude et de difficultés. L'usage n'est probant et ne peut équivaloir à titre qu'autant qu'il est immémorial et qu'il a été pratiqué sans interruption. Certaines communes avaient, au mépris de la loi, conservé les anciens usages ; d'autres les avait abandonnés sous l'empire des lois de 1793 et de l'an II; d'autres encore, après les avoir abandonnés, y étaient revenues lors de la promulgation de la loi de 1827. Il devait s'élever entre les partisans du nouveau et de l'ancien droit de nombreuses difficultés. — C'était donner naissance à une source intarissable de conflits.

Certains de ces usages, qu'avait eu pour but d'abolir la législation de l'an II et qu'on faisait revivre, comme encouragement à la résistance qu'avait rencontrée dans certaines communes l'application de cette loi, consacraient des inégalités choquantes et de criantes injustices; si, dans quelques départements, on adoptait pour la futaie le même mode de distribution que pour le taillis, dans d'autres, au contraire, particulièrement dans les contrées du nord et de l'est, là où précisément les forêts sont presque exclusivement traitées en futaie, le partage des arbres avait lieu d'après le toisé des bâtiments, dans la proportion des fonds couverts. Ce n'était autre chose que l'ancien usage féodal qui, s'il abandonnait à la généralité des habitants le taillis et les bois sans valeur, uniquement propres au chauffage, absorbait, au profit des grands propriétaires territoriaux, des gros industriels, des usines, la totalité des bois de service et de travail. Le taillis seul, produit de peu de valeur, était attaché à la personne ; la futaie était attachée aux fonds, quelle que fût la nature ou la situation du propriétaire.

La pratique avait encore fait reconnaître certaines lacunes, notamment touchant les conditions exigées de tout citoyen pour acquérir le domicile et participer à l'affouage. Il n'avait rien été prévu non plus en ce qui concernait les étrangers venant habiter les communes françaises. De nombreuses réclamations s'étaient produites pour ou contre les admissions à l'affouage ; de nombreuses décisions, le plus souvent contradictoires, étaient intervenues ; et la jurisprudence demeurait de plus en plus incertaine.

Le 25 juin 1874, une loi réglait la situation des étrangers. — Tout étranger, chef de famille ou de maison ayant domicile réel et fixe dans la commune, n'était admis au partage du bois de chauffage qu'après avoir été autorisé, conformément à l'article 13 du Code civil, à établir son domicile en France. Mais les conditions générales du partage de l'affouage ne furent, dans leur entier, revisées que par la loi du 23 novembre 1883.

IV.

La nouvelle loi porte :

« S'il n'y a titre contraire, le partage de l'affouage, en ce qui concerne les bois de chauffage, se fera par feu, c'est-à-dire par chef de famille, ou de maison, ayant domicile réel et fixe dans la commune avant la publication du rôle. Sera considéré comme chef de famille ou de maison tout individu possédant un ménage ou une habitation à feu distincte, soit qu'il y prépare sa nourriture pour lui et les siens, soit que, vivant avec d'autres à une table commune, il possède des propriétés divisées, qu'il exerce une industrie distincte et qu'il ait des intérêts séparés.

« En ce qui concerne les bois de construction, chaque année, le conseil municipal, dans la session de mai, décidera s'ils doivent être en tout ou en partie vendus au profit de la caisse communale ou s'ils doivent être délivrés en nature.

« Dans le premier cas, la vente aura lieu aux enchères par les soins de l'administration forestière ; dans le second, le partage aura lieu suivant la forme et le mode indiqués pour le partage du bois de chauffage.

« Les usages contraires à ce mode de partage sont et demeurent abolis.

« Les étrangers qui remplissent les conditions ci-dessus indiquées, ne pourront être appelés au partage qu'après avoir été autorisés, conformément à l'article 13 du Code civil, à établir leur domicile en France. »

Le législateur maintient, par ces dispositions, la distinction précédemment établie entre le bois de chauffage, représentant l'affouage proprement dit (ad focum), et la futaie. — Le partage du bois de chauffage se fera toujours par feu, c'est-à-dire par chef de famille ou de maison ayant domicile. Pour les bois de construction, le conseil municipal aura chaque année à en décider la vente ou le partage. Le partage alors aura lieu d'après les mêmes principes et sur les mêmes bases que pour les bois de chauffage. — Tout autre mode de répartition, quel que soit l'usage, est et demeure supprimé. — Les droits assis sur les anciens titres seront seuls respectés. Les étrangers ne participeront à l'affouage qu'autant qu'ils auront été autorisés à fixer leur domicile en France.

Par titres, on ne saurait évidemment entendre un acte conventionnel intervenu, soit entre les membres d'une même communauté, soit entre les habitants agissant ut singuli et la commune. Les seuls titres dont il s'agisse ici sont des actes légaux, tels que les édits, ordonnances, arrêtés de règlement émanés des autorités compétentes ou homologués par elles : ancien parlement, cours souveraines déterminant dans toute l'étendue de leur ressort la distribution de l'affouage. Ces titres, pour être valides et servir de règlement au partage de l'affouage, doivent encore remplir les conditions exigées par les articles 1334 et suivants du Code civil, c'est-à-dire être revêtus, intrinsèquement, de toutes formes nécessaires pour assurer l'existence des actes de l'autorité publique. Il faut en outre qu'ils n'aient pas cessé d'une manière quelconque de recevoir leur exécution pendant un temps suffisant pour les frapper de prescription.

Sous l'empire de la législation de 1827, certaines incertitudes s'étaient produites sur la question de savoir comment s'acquérait le domicile. Les anciens usages, rapportés plus haut, exigeaient la résidence d'un an et un jour. On avait été conduit à penser, non sans une apparence de raison, que le domicile affouager était autre que le domicile civil, et de nombreux auteurs, s'appuyant sur les dispositions de la loi du 25 vendémiaire an II, relative au domicile de secours, sur la loi du 10 juin 1793 et la Constitution de l'an VIII (art. 6), étaient d'avis que la résidence d'un an et un jour était nécessaire pour participer à l'affouage. — Cette même opinion avait été tout d'abord adoptée par une décision ministérielle du 30 août 1830. Mais cette interprétation fut bientôt modifiée par une seconde décision du 9 décembre 1832, où il est dit : « que l'article 105 du Code forestier, qui exige, pour avoir droit à l'affouage, un domicile réel et fixe dans la commune, n'imposant pas les conditions d'une résidence plus ou moins longue, ne peut dès lors s'interpréter que d'après le droit commun ; et que conséquemment les communes ne seraient pas fondées d'exiger un domicile annal des habitants qui avaient fait les déclarations exigées par les articles 103 et 104 du Code civil. » — La nouvelle législation fait disparaître toute incertitude. Il suffira d'avoir demeure réelle et fixe lors de la publication du rôle. Le projet primitif portait : « un an avant la publication du rôle ». Cette restriction n'a pas été adoptée.

Deux arrêts du Conseil des 26 juin 1756 et 31 janvier 1758 avaient décidé que les curés n'avaient pas droit à l'affouage. C'est pour faire cesser cette exception et lever toute difficulté, que les mots de « chef de maison », qui visent spécialement les desservants, furent insérés dans la loi de 1827 (séance du 29 mars 1827). La loi de 1883 a conservé la même rédaction. — Sont aptes, dans ces conditions, à participer à l'affouage les chefs de famille dans le sens d'un arrêt du Conseil de 1777, qui classe dans cette catégorie les gens mariés ou veufs, les célibataires qui tiendraient ménage particulier, et en général, tout citoyen maître de sa personne et de ses biens, ayant une position, un état, une industrie, qui justifie de cette qualité. Tels sont les gendarmes, les douaniers, s'ils ne sont pas casernés dans le sens étroit du mot et s'ils sont chefs de maison ; les instituteurs, les gardes forestiers, etc. — Le gendarme qui fait partie du service des brigades peut transférer son domicile réel dans le lieu où il exerce ses fonctions et il est réputé avoir opéré cette translation lorsque, étant établi dans ce lieu avec sa famille, il n'a conservé ailleurs aucun autre centre d'affaires ou d'intérêt (Dijon, 19 février 1873).

Il nous semble regrettable, toutefois, en ce qui concerne certains fonctionnaires essentiellement nomades, en ce sens que, dépendant d'un service ou d'une administration, ils peuvent être astreints à des déplacements fréquents ; — tels, par exemple, les gendarmes, les douaniers, les desservants, — que le législateur se soit montré aussi large en ce qui concerne le domicile. Le projet primitif du 28 février 1882 portait que, pour être compris sur la liste d'affouage, il fallait être domicilié dans la commune un an avant la publication du rôle. — Cette sage disposition devait, à notre avis, être maintenue. Tel de ces agents peut aujourd'hui, par un séjour de quelques mois, et si son arrivée coïncide avec l'époque de la publication du rôle, bénéficier, au préjudice de la communauté, des avantages souvent importants que procure l'affouage.

Certaines coutumes, dont les tribunaux avaient toujours décidé le maintien, n'accordaient qu'une demi-part d'affouage aux célibataires et aux veuves sans enfants. Cette exception a aujourd'hui cessé d'exister.

Ne peuvent, au contraire, être considérés comme chefs de famille et de maison et comme tels participer à l'affouage, toutes personnes placées sous la dépendance d'autrui, soit par la loi, soit par le fait même de leur volonté : tels sont les mineurs non émancipés, les interdits, les femmes mariées, les serviteurs ou les domestiques habitant avec leurs maîtres et généralement « toutes personnes qui, soumises au pouvoir d'un tuteur, d'un mari ou d'un maître, sont, par leur position subordonnée, attachées à la famille ou soumises à la personne d'un chef de famille ». (Migneret, *Traité de l'affouage*.)

Il a été jugé dans ce sens que, bien qu'en principe la femme mariée n'ait pas d'autre domicile que celui de son mari, il en est autrement lorsqu'elle est administratrice provisoire de la personne et des biens de son mari placé dans un asile d'aliénés. Elle prend alors, par la force des choses, la position de chef de famille ; et elle a droit, en conséquence, de participer à l'affouage dans la commune où elle vient établir son domicile (Tribunal de Chaumont, 17 avril 1867). — La même interprétation s'appliquerait à la femme régulièrement séparée de corps et de biens.

Un habitant imposé et patenté, exerçant une industrie et ayant des domestiques, doit être considéré comme chef de ménage, bien qu'il mange habituellement chez son beau-père, aubergiste, qui occupe une autre partie de la maison (Dijon, 22 février 1837).

Le beau-père et le gendre, bien qu'habitant la même maison et mangeant ensemble, doivent avoir l'un et l'autre part à l'affouage s'ils sont l'un et l'autre propriétaires de leur mobilier et s'ils exercent une industrie séparée (Dijon, 17 mai 1837).

Dans un sens contraire, une mère et son fils habitant la même maison, n'exerçant pas d'industries séparées, ne participant pas d'une manière personnelle et distincte aux charges locales, ne constituent pas deux chefs de famille (Dijon, 6 décembre 1837).

Le paiement des impôts n'est pas un corrélatif nécessaire du droit d'affouage (Avis du Conseil d'État du 26 avril 1808 ; Bourges, 10 mai 1841).

Ces diverses solutions ont servi de base aux nouvelles dispositions de loi de 1883.

La participation des étrangers à l'affouage n'avait pas été résolue par la loi de 1827. Cette question cependant avait pour certaines communes frontières une grande importance. En principe, les étrangers sont, par la loi du 10 juin 1793 et le décret du 20 nivôse an II, exclus de la participation à la jouissance des biens communaux. — Le Conseil d'État avait constamment adopté cette interprétation ; certaines cours, Colmar notamment, se conformaient à la même doctrine et n'admettaient à l'affouage que les Français de naissance ou naturalisés. — La Chambre des requêtes à la Cour de cassation faisait une distinction entre les étrangers qui avaient été autorisés par des ordonnances royales à jouir des droits civils et ceux qui n'avaient pas obtenu cette autorisation. Elle accordait l'affouage aux premiers et le refusait aux seconds (20 février 1838). — La Cour de cassation décidait, au contraire, que l'article 218 du Code forestier, qui abrogeait toutes lois, ordonnances, édits et déclarations, instituait en quelque sorte un droit nouveau, et que l'article 105 du Code forestier n'exigeant pas, pour participer à l'affouage, la qualité de Français, il convenait de faire prendre part à la jouissance des produits forestiers tous les habitants de la commune, quelle que fût d'ailleurs leur nationalité (Cass. 26 février 1838, 11 mai 1838, 23 mars 1853, 21 juin 1861, 31 décembre 1862, 22 janvier 1869). — Cette dernière jurisprudence avait prévalu et était partout appliquée. En outre, en dehors de toute question de doctrine, là où l'on prenait le toisé des bâtiments pour base du partage des arbres de futaie, l'affouage étant dès lors attribué, non plus aux personnes, mais aux choses, des étrangers possesseurs de vastes immeubles, de fabriques ou d'usines pouvaient absorber la majeure partie des produits communaux et être plus favorablement traités que les nationaux. — La législation actuelle a très heureusement fait cesser cette anomalie en modifiant la base de répartition du produit de la futaie, et en stipulant en second lieu que les étrangers, encore bien qu'ils remplissent les conditions de chefs de famille ou de maison ayant domicile réel et fixe, ne peuvent être appelés au partage de l'affouage qu'après avoir été autorisés, conformément à l'article 13 du Code civil, à établir leur domicile en France.

V.

La loi du 18 juillet 1837 rendait les conseils municipaux compétents pour régler les affouages en se conformant aux lois forestières. C'est encore à cette assemblée qu'il appartient de dresser les rôles ou listes d'affouage, de déterminer le montant de la taxe affouagère, taxe qui consiste dans le paiement d'une somme à verser dans la caisse municipale pour subvenir à certaines dépenses communales indépendamment des frais occasionnés par l'exploitation de la coupe. — Il appartient au conseil municipal de voter des taxes affouagères sous le contrôle de l'administration supérieure ; les délibérations qu'il prend à cet effet ne peuvent être attaquées par la voie contentieuse alors même que la taxe votée dépasse les frais de garde et d'administration de la forêt (Cons. d'Ét. 21 janvier 1867). Expédition des délibérations est adressée au sous-préfet qui en délivre, ou en fait délivrer, récépissé. La délibération est exécutoire si, dans les 30 jours qui suivent la date du récépissé, le préfet ne l'a pas annulée, soit d'office pour violation d'une disposition de la loi ou d'un règlement d'administration publique, soit sur les réclamations de toute partie intéressée. — Les rôles sont publiés et affichés par les soins du maire aux époques déterminées par le préfet.

La loi du 5 avril 1884, sur l'organisation municipale, conserve aux conseils municipaux, en étendant leurs pouvoirs, les mêmes attributions. Elle donne à ces assemblées deux espèces de droits. Certaines délibérations sont exécutoires par elles-mêmes si elles ne sont annulées, dans un délai donné, pour violation de la loi ou d'un règlement d'administration publique ; d'autres, au contraire, portant sur des objets spécialement déterminés, ne peuvent être exécutées que lorsqu'elles ont été approuvées. C'est dans la première de ces classifications que rentrent les questions relatives à l'affouage. Le conseil municipal règle par ses délibérations les affaires de la commune (art. 61). Expédition de toute délibération est adressée par le maire au sous-préfet qui en constate la réception sur un registre et en délivre immédiatement récépissé (art. 62). Sont nulles de plein droit les délibérations prises en violation d'une loi ou d'un règlement d'administration publique (art. 63). Ne saurait, par exemple, être applicable en matière d'affouage toute délibération contraire aux lois et règlements forestiers, aux ordonnances d'aménagements, etc. — La nullité de droit est déclarée par le préfet en conseil de préfecture; elle peut être prononcée par le préfet et proposée ou opposée par les parties intéressées à toute époque (art. 65). — L'annulation est prononcée par le préfet en conseil de préfecture. Elle peut être provoquée d'office par le préfet dans un délai de trente jours à partir du dépôt du procès-verbal de la délibération à la sous-préfecture ou à la préfecture. Elle peut être aussi demandée par toute personne intéressée ou par tout contribuable de la commune. Dans ce dernier cas, la demande en annulation doit être déposée, à peine de déchéance, à la sous-préfecture ou à la préfecture dans un délai de quinze jours à partir de l'affichage à la porte de la mairie. Il en est donné récépissé. — Le préfet statuera dans le délai d'un mois. Passé le délai de quinze jours sans qu'aucune demande ait été produite, le préfet peut déclarer qu'il ne s'oppose pas à la délibération (art. 66).

Le conseil municipal, et, en dehors du conseil, toute partie intéressée, peut se pourvoir contre l'arrêté du préfet, devant le Conseil d'État (art. 67). Les délibérations ne sont exécutoires qu'un mois après le dépôt qui en aura été fait à la préfecture ou à la sous-préfecture (art. 68).

C'est au préfet qu'il appartient de prescrire l'accomplissement des mesures préalables nécessaires à la régularité du partage : tels sont le recensement des feux, la rédaction des rôles d'affouage ; de déterminer la forme de ces rôles, leur mode de publicité et d'affichage; de fixer les délais à partir desquels les réclamations cesseront d'être admises, de mettre les rôles en recouvrement, etc., etc. — Dans l'accomplissement de ces divers actes, le préfet agit uniquement comme administrateur. Sa décision ne préjuge en rien les différentes contestations qui pourraient être soulevées sur les questions d'affouage. — Il ne peut sortir de son rôle de tuteur des communes et de conciliateur au besoin. Il doit éviter de se prononcer sur les difficultés individuelles et ne pourrait valablement interdire ou prescrire tel ou tel mode de partage. — Le pourvoi contre les décisions préfectorales est porté devant le ministre de l'intérieur.

Aux termes de la loi du 10 juin 1793, les contestations ayant pour objet le mode de partage des biens communaux et portant sur la manière d'exécuter ces partages, étaient soumises aux directoires des départements, aujourd'hui conseils de préfecture ; mais la jurisprudence sur cette question s'est, suivant les diverses époques, sensiblement modifiée. — Le Conseil d'État a toujours décidé que, lorsque la contestation portait sur des titres particuliers, il s'agissait alors d'une question de propriété dont les tribunaux devaient connaître exclusivement. La Cour de cassation adopte la même doctrine. — En droit commun et hors le cas où une loi exceptionnelle en a disposé autrement, les tribunaux civils sont exclusivement compétents toutes les fois qu'il s'agit, non de poser des règles générales, mais d'appliquer la loi ou les règlements à des particuliers, d'interpréter des titres, ou de statuer sur des questions d'intérêt privé : telles sont les réclamations élevées par un étranger non compris sur la liste affouagère à cause de cette qualité ; celles qui se rapporteraient à un usage contraire au mode de distribution prescrit et dont l'existence ou la légalité seraient contestées ; ou encore à la participation aux affouages en cas de réunion ou de distraction de communes. (Cass. 1er déc. 1834 ; Tribunal des conflits 19 avril, 12 juin, 21 décembre 1850 ; Cons. d'État 16. nov. 1854 ; Cass. 18 juillet 1861.)

Les tribunaux administratifs sont au contraire compétents sur les questions de réclamation contre la liste d'affouage, les demandes d'inscription, les conditions d'aptitude et toutes les contestations relatives au mode de partage des affouages dans les bois communaux (Cons. d'Ét. 28 décembre 1854). La répartition des affouages confiée au pouvoir municipal sous l'autorité des préfets est un acte administratif qui ne peut être interprété que par l'autorité administrative, lorsque, par exemple, il y a doute sur la nature des bois compris dans la répartition. (Cass. 5 avril 1865.)

VI.

Les communes, en tant que mineures, n'ont pas la libre disposition de leurs bois. Ces bois sont soumis au régime forestier, c'est-à-dire que la jouissance doit en être réglée par l'administration publique, conformément aux dispositions de la loi.

L'ordonnance de 1669 avait réglé la jouissance des communautés d'habitants; la loi du 29 septembre 1791, l'arrêté du Gouvernement du 19 ventôse an X et une ordonnance du roi du 7 mars 1817, avaient confirmé les dispositions de l'ordonnance de 1669.

La loi du 21 mai 1827 soumet au régime forestier les bois appartenant aux communes (C. F., art. 1 et 90).

La propriété des bois communaux ne peut jamais donner lieu à partage entre les habitants (C. F., art. 92); mais lorsque plusieurs communes possèdent un bois par indivis, chacune d'elles conserve le droit d'en provoquer le partage (C. F., 92; C. N., 875). — Lorsqu'une section de commune est distraite de la commune à laquelle elle appartient et est incorporée à une autre commune, cette section conserve son droit d'affouage dans la commune dont elle est séparée et même le bénéfice de ce droit doit être étendu à toutes les maisons construites sur le territoire de la section de commune depuis la réunion à la commune voisine (Cass. 18 juillet 1861).

Les forêts communales soumises au régime forestier sont régulièrement aménagées par les soins du service forestier (C. F., 90); l'aménagement consiste à diviser une forêt en coupes successives et régulières dont on règle l'étendue et l'exploitation en vue de la conservation du massif boisé et dans le plus grand intérêt du propriétaire. Les aménagements sont réglés par des ordonnances et des décrets pris sur la proposition de l'administration des forêts et sur l'avis des conseils municipaux. — Un quart de la forêt est tout d'abord retranché de la superficie totale et mis en réserve, sauf pour les communes dont les bois ont une contenance inférieure à dix hectares réunis ou divisés, ou pour les bois totalement peuplés en arbres résineux (C. F., 93). Le quart en réserve est toujours vendu et le produit de la vente versé dans la caisse communale. Les bois en provenant ne pourraient donner lieu à partage en nature entre les habitants. — Le surplus de la forêt est exploité en coupes annuelles. — Après avoir fixé l'âge auquel les bois devront être exploités, la *révolution* en terme forestier, on divise généralement la surface, s'il s'agit d'un taillis, par le nombre d'années. Un taillis aménagé à 25 ans sera partagé en 25 coupes égales. — Pour les futaies qui ne sont exploitées qu'à des périodes éloignées, 80, 100, 150 ans et plus, les coupes se font soit par contenances, soit par pieds d'arbres; certaines opérations accessoires, telles que nettoiement, éclaircies, repeuplements, sont prévues pour la durée de la révolution. — Les meilleurs aménagements sont les plus simples.

Pour indemniser l'État des frais d'administration, il est payé par la commune, au profit du Trésor, cinq centimes par franc sur les produits principaux vendus. — Si les produits sont délivrés en nature, il est perçu le vingtième de leur valeur telle qu'elle est fixée par le préfet, sur la proposition des agents forestiers et les observations des conseils municipaux (Lois des 25 juin 1841, 19 juillet 1845). Si les coupes sont délivrées en nature pour l'affouage, et que la commune n'ait pas d'autres ressources, il est distrait une portion suffisante des coupes pour être vendue aux enchères avant toute distribution. Le prix en est employé au paiement des frais d'administration (C. F., 109). La détermination de la surface à vendre est faite par le préfet, sur la proposition de l'agent forestier local et du maire de la commune (Ord. régl., 144).

Dans la pratique, et lorsque la commune n'a pas d'autres ressources, le conseil municipal, au lieu de recourir à la vente, peut, conformément à la loi de finances du 7 août 1828, frapper chaque lot d'affouage d'une taxe destinée à couvrir les frais d'exploitation, d'administration, et de garde, et quelquefois même aussi certaines dépenses communales. — La répartition est faite au moyen de rôles ou états de distribution rendus exécutoires par le préfet et dont le recouvrement ne doit jamais éprouver de retard ni donner lieu à des poursuites, puisque chaque habitant n'obtient la délivrance des bois qu'après avoir acquitté le montant de sa cote (Instr. ministérielle du 15 décembre 1826). Les conseils de préfecture sont compétents pour les contestations sur le montant des taxes (Cons. d'État 8 mars 1847). Les habitants qui trouveraient les taxes exagérées et hors de proportion avec la valeur de l'affouage peuvent, en tout état de cause, ne pas retirer leur lot. Ces bois sont alors vendus au profit de la commune. — La taxe d'affouage ne constitue pas un impôt personnel et direct ; elle est le prix d'un droit d'usage exercé dans les forêts communales; par suite, elle n'est pas due quand le droit n'est pas exercé (Cons. de préf. de l'Isère, 26 mars 1859). En dehors de ces restrictions, les communes ont la libre disposition des bois qui leur appartiennent. Ces bois peuvent être vendus en totalité ; ou être en totalité partagés en nature ; ou être par partie vendus et par partie partagés.

Les communes qui ne sont pas dans l'usage d'employer la totalité des bois de leurs coupes à leur propre consommation, font connaître à l'agent forestier local la quantité de bois qui leur sera nécessaire,

tant pour le chauffage que pour constructions et réparations, et il en est fait délivrance, soit par l'adjudicataire de la coupe, soit au moyen d'une réserve sur cette coupe (Ord. régl., 141). Pour les bois de construction spécialement, les conseils municipaux doivent délibérer chaque année à la session de mai sur ce qui concerne la répartition des arbres de futaie et décider s'ils doivent être en tout ou en partie vendus ou délivrés (Loi du 23 novembre 1883).

Les ventes, de quelque nature qu'elles soient, sont faites à la diligence des agents forestiers dans les mêmes formes que pour les bois de l'État et en présence du maire ou d'un adjoint, sans que toutefois l'absence du maire ou de l'adjoint, dûment appelé, entraîne la nullité des opérations. Toute vente de coupe effectuée par l'ordre du maire, en contravention des dispositions qui précèdent, donnerait lieu, contre le maire, à une amende qui ne peut être au-dessous de trois cents francs ni excéder six mille francs, sans préjudice des dommages-intérêts. Les ventes ainsi effectuées sont déclarées nulles (C. F., 100).

Les bois de chauffage qui se délivrent par stère sont mis en charge sur les coupes adjugées et fournis par les adjudicataires aux époques indiquées par le cahier des charges. La délivrance est faite au maire, qui en fait effectuer le partage entre les habitants (Ord. régl., 122).

Les coupes destinées à être partagées en nature pour l'affouage des habitants sont exploitées par un entrepreneur responsable nommé par les usagers et agréé par l'administration forestière (C. F., 81); elles ne peuvent avoir lieu qu'après que la délivrance en a été préalablement faite par les agents forestiers (C. F., 103). Les communes ou leurs habitants ne peuvent prendre des bois dans leurs forêts sans en avoir obtenu la délivrance, ni exploiter, sans l'intervention de l'entrepreneur spécial imposé aux usagers par l'article 81 du Code forestier, les coupes affouagères dont elles peuvent avoir obtenu la délivrance. (Crim. Cass. 1er octobre 1846.)

Ces diverses dispositions étaient déjà prescrites par l'ordonnance de 1669 (tit. XXV, art. 11) et par un arrêt du Conseil du 29 septembre 1778, qui ordonnait que les coupes seraient faites par un entrepreneur responsable et que les bois ne pourraient être partagés sur pied. La loi du 29 septembre disposait également (tit. XII, art. 9) qu'aucune coupe ne pourrait être faite qu'après les opérations de balivage et de martelage des agents forestiers.

La délivrance à faire aux habitants n'est pas toutefois laissée à l'arbitraire de l'administration forestière. Il résulte des dispositions des articles 65 et 112 du Code forestier que les contestations qui pourraient survenir entre les affouagistes et l'administration relatives aux règlements d'exploitation, doivent être soumises au conseil de préfecture.

La délivrance d'une coupe à une commune se fait par la remise à l'entrepreneur du permis d'exploiter délivré par l'agent forestier local (C. F., 30).

L'entrepreneur de l'exploitation d'une coupe affouagère est tenu à tout ce qui est prescrit aux adjudicataires des coupes ordinaires pour tout ce qui concerne l'exploitation. Il est soumis aux mêmes responsabilités et passible des mêmes peines en cas de délits ou de contraventions.

Aucun bois ne peut être partagé sur pied ni abattu par les habitants individuellement, et les lots ne doivent être faits qu'après l'entière exploitation de la coupe, à peine de la confiscation de la portion de bois afférente à chacun des contrevenants. Les fonctionnaires ou agents qui auraient permis ou toléré la contravention sont passibles d'une amende de cinquante francs et demeurent en outre personnellement responsables, et sans aucun recours, de la mauvaise exploitation et de tous les délits qui pourraient avoir été commis (C. F., 81). — L'enlèvement d'un lot d'affouage fait par l'un des usagers avant l'entier achèvement de la coupe ne peut être excusé par le motif que cet enlèvement aurait été autorisé par le conseil municipal (Cass., ch. crim., 1er juillet 1847 ; loi du 5 avril 1884, art. 63).

Rien n'empêche toutefois que l'entrepreneur puisse, sous sa responsabilité personnelle, accepter comme ouvriers les habitants de la commune qui, dans un but d'économie ou pour tout autre motif, désireraient prendre part à l'exploitation de la coupe ; certaines communes imposent même cette obligation dans l'intérêt des usagers ; mais la responsabilité de l'entrepreneur n'en reste pas moins entière. Il ne s'ensuit pas non plus que le partage puisse se faire alors que les bois sont encore sur pied et que chaque ayant droit puisse abattre son lot séparément. Aucun lot ne peut être fait avant que l'abatage soit entièrement terminé, mais il peut être fait avant le façonnage.

Toute latitude est laissée, soit à l'entrepreneur, soit aux habitants, en ce qui concerne le façonnage des produits de l'affouage. Rien ne s'oppose, par exemple, à ce qu'une partie des bois soit convertie en charbon, à charge toutefois de se conformer aux règles prescrites pour cette fabrication en forêt.

Les affouagistes peuvent aussi, au gré de leur convenance ou de leurs besoins, vendre, échanger leurs bois ou les employer dans tel ou tel délai, sans être astreints à aucune justification. Ils sont, à ce point de vue, et à partir de l'instant où leur lot leur a été délivré, exactement dans les mêmes conditions que des propriétaires privés. Les restrictions et mesures d'ordre énumérées plus haut n'ont d'autre but que de protéger, contre les exagérations de jouissance des habitants, *ut singuli,* la propriété de l'être collectif impérissable auquel appartient la forêt. — L'article 83 du Code forestier, qui interdit aux usagers dans les bois de l'État, de vendre ou d'échanger les bois qui leur sont délivrés, n'est pas applicable en matière d'affouage dans les bois communaux ; en conséquence, est illégale et non obligatoire la délibération d'un conseil municipal portant défense aux habitants de sortir de la commune, sans l'autorisation du maire, les bois à brûler provenant de l'affouage communal. — En tout cas, une pareille délibération ne constituerait qu'une simple disposition réglementaire sur la répartition de l'affouage et non un règlement de police ayant sa sanction dans l'article 471, n° 15, du Code pénal (Crim. rej. 6 avril 1865).

Les communes sont garantes solidaires des condamnations prononcées contre les entrepreneurs (C. F., 82). Cette disposition était déjà consacrée par le règlement des 14 et 25 juin 1602, l'ordonnance de 1669 et spécialement un arrêt du Conseil du 29 décembre 1778. — La garantie solidaire des communes pour condamnations prononcées contre les entrepreneurs s'étend aux amendes, à la restitution et aux frais (Cass. 24 décembre 1830, 13 juin 1840).

Nancy, imprimerie Berger-Levrault et Cie.

LIBRAIRIE ADMINISTRATIVE BERGER-LEVRAULT ET Cie

La Loi du 28 mars 1882 sur l'enseignement primaire obligatoire. Commentaires, exposé de doctrine, jurisprudence, formules, par Ed. Detourbet, ancien avocat général, avocat à la Cour d'appel de Dijon. 1884. Un fort volume in-12 de 715 pages. Prix, broché . . . . 4 fr. 50 c.

La Loi municipale. Commentaire de la loi du 5 avril 1884 sur l'organisation et les attributions des conseils municipaux, par Léon Morgand, chef de bureau à la Direction de l'administration départementale et communale au ministère de l'intérieur. 2 vol. in-8°. 1er volume : *Organisation* . . . . 6 fr.
2e volume : *Attributions et comptabilité* (paraîtra incessamment).

Manuel électoral. Guide pratique de l'électeur et du maire, comprenant les élections municipales, départementales, législatives, etc., par Guerlin de Guer, chef de division à la préfecture du Calvados. 4e édition, comprenant la loi municipale du 5 avril 1884. Un volume in-12, broché . . . . 3 fr. 50 c.
Relié en percaline . . . . 4 fr. 50 c.

Organisation électorale et représentative de tous les pays civilisés, par J. Charbonnier. 2e édition, revue, corrigée et considérablement augmentée. 1883. 1 volume in-8° de 776 pages, broché . . . . 10 fr.

Traité de l'État civil et des actes qui s'y rattachent, annoté et commenté par Ed. Béquet. 1883. Volume de 1052 pages, in-8°; br., 15 fr. Relié en demi-chagrin, 18 fr.

Petit Dictionnaire d'administration communale, par A. Souviron, chef de division à la préfecture de la Seine. 1880. 1 vol. in-12, broché, 1 fr. 50 c.; relié en percale. 2 fr.

Guide manuel de l'officier de l'état civil. Instructions pratiques suivies d'un grand nombre de formules, par L. A. Lempfrit de Saint-Venant, juge de paix. 1880. In-12, broché . . . . 1 fr. 50 c.

Le Ministère des Finances, son fonctionnement, suivi d'une étude sur l'organisation générale des autres ministères, par J. Josat, sous-chef de bureau au ministère des finances. Un très fort volume grand in-8° de 1,000 pages, broché. . . . . 15 fr.

Des Pouvoirs de police des préfets en général et spécialement en cas de troubles, par A. Combarieu, secrétaire général de la préfecture de la Mayenne. 1884. Gr. in-8° . . . . 1 fr. 50 c.

Attributions des Maires en matière de cours d'eau non navigables, par Edg. Trigant-Geneste, conseiller de préfecture. 1883. Gr. in-8° . . . . 1 fr.

Les Origines de l'administration des contributions indirectes, par Ch. Mehl. 1884. Gr. in-8° . . . . 1 fr. 25 c.

Caractère obligatoire des subventions allouées sur l'octroi, aux hospices et aux bureaux de bienfaisance, par A. Chevalier, ancien chef des services hospitaliers au ministère de l'intérieur. 1883. Gr. in-8° . . . . 1 fr.

Des Autorisations et des contrats portant concession en ce qui concerne l'éclairage au gaz dans les villes, par R. Toutain, professeur de droit à la Faculté de Caen. 1882. Gr. in-8° . . . . 1 fr.

La Loi concernant les aliénés. Mémoire adressé à la Commission chargée d'élaborer un nouveau projet de loi, par J. de Crisenoy, ancien conseiller d'État, ancien directeur au ministère de l'intérieur. 1882. Gr. in-8° . . . . 2 fr. 50 c.

Étude sur le projet de révision de la loi concernant les logements insalubres, par G. Jourdan, chef de bureau à la préfecture de la Seine. 1883. Gr. in-8° . . . 2 fr.

Les Établissements insalubres. L'Industrie et l'Hygiène, par E. Guerlin de Guer, chef de division de préfecture. 1883. Gr. in-8°. . . . . 1 fr. 50 c.

Les Établissements d'utilité publique, par Élie de Biran. 1882. Gr. in-8°. 1 fr. 75 c.

Du Partage des biens des pauvres à la suite de démembrements de communes, par P. Gérard, rédacteur au ministère de l'intérieur. 1883. Gr. in-8° . . . . . 1 fr.

Les Assemblées représentatives du commerce sous l'ancien régime, par P. Bonnassieux, archiviste aux Archives nationales. 1883. Gr. in-8° . . . . 1 fr.

Du Concours entre l'inscription, la transcription et la saisie en matière hypothécaire, par A. Jalouzet, conservateur des hypothèques. 1882. Gr. in-8° . . . . . . 50 c.

Les Tramways. Législation et jurisprudence les concernant, par Eug. Guillaume, sous-directeur au ministère de l'intérieur. 1884. Gr. in-8° . . . . 2 fr.

Nancy, imp. Berger-Levrault et Cie.

www.ingramcontent.com/pod-product-compliance
Lightning Source LLC
Chambersburg PA
CBHW072025290326

41934CB00011BA/2883